Johann Nicolaus Hofmann's Musicalische Schüttel-Leyer

Johann Nicolaus Hofmann's Musicalische Schüttel-Leyer

vorgelegt
von
KLAUS HOFMANN

Neue Ausgabe
2021

IMPRESSUM:
© 2021 Klaus Hofmann, Göttingen
Autor und Herausgeber: Klaus Hofmann
Satz: MarkenArt, Marion Vina
Herstellung und Verlag: BoD - Books on Demand, Norderstedt
Kupferstiche: nach Johann Christoph Weigel (um 1720); siehe S. 62
© Klaus Hofmann, Göttingen

ISBN: 978-3-7543-2788-3

Für Sigrid, Frank, Jörg und Dirk.

Die Musicalische Schüttel-Leyer

Das ist:

Zwantzig *musicali*sche Gedichttleyn /

als: *Arien / Cantaten / Serenaten etc.* /

darinnen die heutigen Tages gebreuchlichen

so Windt-getriebenen / als besaitteten

und geklöpffeten

*musicali*schen *Instrumenta*

denen Liebhabern zur Gemüths-Ergetzung

*præsenti*rt und fürgestellet /

sonderlich aber der lernbegierigen Jugendt

zu Nutz- und Lehrreicher Kenntnüß

gebracht werden /

sammt einem lustigen Zwischenspiel

auff denen gar gemeynen *Instrument*en.

In Schüttel-Versleyn geschmiedt

und mit denen Zier- und Kunstreichen Kupffern

des Herrn

Johann Christoph Weygeln /

Kupffer-Stechers und Buch-Händlers

zu Nürnberg /

versehen

durch

JOHANN NICOLAUS HOFMANN.

Aufs Neue gedruckt

in Verlegung des *Authoris*

Anno Domini

MMXXI.

Vorrede an den Geneygten Leser

Günstiger Leser:

Es ist bekandt und am Tage und auch wohl Niemandt verborgen blieben / daß in keynem Jahrhundert soviel Schrifften / sonderlich *musicam* betreffende / in Druck seynd ausgangen und ans Liecht getreten / denn in unserm anitzo (und so GOtt will! auch fürderhin) lauffenden *saeculo.* So aber etwan Einer vielleicht wöllte dem *Authori* einen Vorwurff oder Strick darauß drehen / daß er mit dieser die Zahl derer Schrifften noch um eins vermehret / so verweyßet dieser Solchen fürs erst auff seine mancherley Freunde / so ihm beständiglich alle Zeytt in denen Ohren gelegen und mit Bitten fürstellicht worden / daß er möcht solchs sein Werckleyn (welchs er doch zumeißt nur in seinen Neben-Stunden zuvörderst vor Ergetzung seins eigenen Gemüths auffgesetzet) in Druck außgehen laßen. Und ist in Sonderheit der Hamburgische *Capell*-Meister / Herr Johann Mattheson / nimmermehr müdt geworden / den *Authorem* auff zu stachlen / solche seine *poëti*sche *Contrapunctos duplices* (als welche derselbe seine Schüttel-Reymlein zu *tituli*ren beliebet) schlüßlich gar auff ein solches Maaß zu vermehren / daß selbige sich im Standte zeygeten / ein klein Büchelgen zu füllen / worbey gemeldter Herr Mattheson auch offtmals sichs nicht hat laßen verdrüßlich werden / den *Authorem* / wann dieser schon manchs Mal hätt verzagen wollen / mit jenem oder dießem Verßleyn zu ermuntern / alß:

„Fürwahr! Im Schüttel-Reym ist schwerlich reyn zu dichten!
„Wohl Keiner ist so kühn / die Verse Dein zu richten /
„Mißkennt die Kunst er nicht des scheinbar leichtten Reyms.
„So Dir ein Wort zerbricht kurtz vorm Erreichten: Leyms!"

Was nun besagten *poëti*schen geduppelten *Contra*punckt selbsten angehet und auch deßen allerley *Difficultet*en und *Obstacul*n betrifft / so bittet *Author* / gar manche *licentiam* / so er sich selbsten verstattet / freundtlich *passir*en zu laßen / da derengleichen doch / gleich denen in der *Music* verbothenen *Dissonanti*en und Queer-Ständen *etc.* / erst die rechte Würtz und Geschmack zu schaffen pflegen / und wird der Geneygte Leser doch gewißlich ein vielleicht auch etwas herbes Hofmanns-Dröpffgen / auffs Gantz *observi*rt / einem (wann auch nach allen denen Opitzianischen *Regul*n gebräueten) *poëti*schen Dinne-Bier und Pantsch-Weyn *preferi*ren.

Und wo nicht / bleybets Ihm unbenommen / sich auch wiedrum auf die *regulair*en *classicos* und andern *authores* zu verlegen.

Wünsche aber Denen / so sich vielleicht auff ein Stündgen nach gethanem Tage-Werck mit diesen meinen schlechten Verßleyn möchten *retirir*en und sich durch das ein oder ander von diesen ein Weniges an *Recreatio*n und Erheytterung des Gemüthes wollen verschaffen / daß Ihnen solches gelingen mög. *Vale!*

Author.

Prologus

und Begrüßung der *Musica*lischen Schüttel-Leyer /
auffgesetzet und dem *Authori dedici*rt
durch den wohlberühmten und fürtrefflichen
Herrn **Johann Mattheson** /
Capell-Meistern zu Hamburg.

Wer sich auf die *Music* / die Thöne-Kunst / verleget /
All seines Hertzens Grundt von Angst und Groll leer feget.
So auch dieß Büchlein thu (was keinem Hertzen schadt):
Bring Freude dem und Ruh / der nichts zu schertzen hat /

Und dem / der auf den Tisch / die Faust vor Kummer hauet /
Daß Wissens-Brodt er nur / und niemals -Hummer kauet /
Dem lang solch Buch that Noth / das man mit Freuden ließt /
Statt daß man trocken Brodt von trocknen Leutten frißt!

Dir / der Du dieß Buch schriebst / gebühren Lob und Ehren!
Du wirst damit erfreun und rührn (und ob!) und lehren.
Gleichwie zur Sommers-Zeytt der Purpur-satte Mohn /
Daß so Dein Ruhm gedeiht / dieß wünscht Dir

Mattheson.

Der
*Musica*lischen Schüttel-Leyer
Erste Abtheylung.

Von denen Blasenden *Instrument*en.

Orgel / *Organo* / *Orgue.*

Aria.

Geprießen und gelobt sey GOtt / der EIne / sehr /
Und lautter Orgel-Klang vermehre SEine Ehr!
   Hört / wie der Flöth- und Zungen Lied
   Lautt auß der Orgel Lungen zieht /
   Und hört auch / wie die kurtzen Pfeiffen
   Mit silbricht hellem Pfurtzen keiffen /
   Der Sechszehn-Füße sausend Brummen /
   Der *Principal*en brausend Summen /
   Wies *harmoni*rt im Gantzen dann
   (Daß man schier Engel-Reyhn drauff dantzen kann!) /
   Wies irdischem Gethümmel höhnt
   Und lautt hinauff zum Himmel thönt /
   Wies herrlich viel und prächtig meißt
   Klingt / so man IHn / der mächtig / preißt.
Geprießen und gelobt sey GOtt / der EIne / sehr /
Und lautter Orgel-Klang vermehre SEine Ehr!

Schnabel-Flöthe / *Flauto dolce / Flûte à bec.*

Aria.

Nur wann es würcklich seyn muß / trennt
Ihr mich von meinem *Instrument!*
   Die Süße Flöthe man es heyßt
   (Schon kleine Kinder han es meißt).
   Ich spiel darauff manch Schäffer-Liedt
   (Als: *Filli von dem Schläffer schiedt)* /
   Auch ander manch gelinde Weys
   Blaß ich mit sanfftem Winde leis.
   Gar gern ich sein süß Laabsal mag /
   Drum ich es euch noch einmal sag:
Nur wann es würcklich seyn muß / trennt
Ihr mich von meinem *Instrument!*

Hoboe / *Oboe / Hautbois.*

Des Hoboisten Sonn- und Werck-Tag- und Nacht-*Madrigal.*
Canon perpetuus.

Kaum daß die Sonn am Himmels-Saale schein /
Da muß mein Rohr-Platt schon in einer Wasser-Schaale seyn /
Daß es erweych und schmeichle (und nicht / statt zu koßen /
  grunzt)
Und sanffte dien und lieblich meiner großen Kunst.

Dann wird / wann schon die Sonnen lacht / geprobt /
Und wanns gar Sonntag ist / der HErr / so Heyl gebracht /
  gelobt.
Drauff folgt ein Tisch-*Musique* vor Dero Hochgebohren
  Brathen-schwer Getaffel /
Hernach ein Nach-Tisch-Ständgen vor Derselben
  Tobacs-Teer-Geschwafel.

Und wann die Sonn sich neygt und ihrer Statt die Fackel dient /
Man mich im Bühnen-Hauß bey *Oper*n und *Specta*ckel findt.
Dann endtlich zier ich gar noch mit Hoboen-Hall
Offt bis zum Morgen-Graun der Fürsten / der Gering- und
  Hohen *Bal.*

Drauff / kaum daß schon die Sonn am Himmels-Saale schein /
Da muß mein Rohr-Platt wiedrum in der Wasser-Schaale seyn /
Daß es erweych *etc. etc. etc.*

Queer-Flöthe / *Flauto traverso / Flûte traversière.*

Ist eine Art
Duppel-*Versicul*

dergleichen die *Musici* im Schertze einander pflegen zuzuruffen
(als wie dem *Authori* von einem *Flaut-Travers*isten der Kayserlichen
Hoff-*Capell*en zu Wien *communici*ret worden).

Die Erste Abtheylung:

Die Flöthe sich mit Spucke füllt /
So baldt man eine Fuge spielt.

Fagott / *Fagotto* / *Basson.*

Des Duppel-*Versiculs* andere Abtheylung:

Das Nähmliche giltt vom Fagotte
Vor *Allemande* und *Gavotte*.

Posaune / *Trombone.*

Des Posaunisten Geist-reich und
nachdencklich Thurm-Blaß-*Sonätgen.*

Hört / wie Posaunen-Thön die Lüfft durchschwellen / -beben!
Hört / wie es braust und lermt mit lautt geschäfftgem Hall
Und aus der schwachen Brust mit Donner-hefftgem Schall
*Trombon*en-Stöße gleich *Carthaun*en-Bällen schweben!

Ihr kurtz- doch starcken Thön / drauß sich solch Lieder weben /
So einst zu *Jhericho* gar flugs gefällt den Wall /
Sollt auch erdröhnen einst bey dieser Weltten Fall /
Wann wir solln aufferstehn und ewig wieder leben.

Gleich stoltzen Mauren fest / zerstäubt vom schwachen Windt /
Das Leben als ein Traum (indeß wir wachen) schwindt:
Baldt wird man uns ins Grab in bleychen Linnen sencken /

Uns / die dem Thon wir gleich / so schon verhallet schier /
Kaum daß ein Athem lang er ist erschallet hier.
Drauf möge der *Trombon* all unser Sinnen lencken.

Trompete / *Tromba* / *Trompette.*

Serenata /

so der *Author* dieſes Werckleyns beyläßlich der Niederkunfft seiner Fürstin mit einem kleinen Printzleyn vor etlichen Jahren verfertiget und in die *Music* versetzet.

Recitativo accompagnato / ma senza la Tromba.

Bis daß die Nacht *Auror*ens Röthen flieht /
Mög klingen der Schallmeyn und Flöthen Riedt /
Mög schalln der *Violin*- und *Gamb*en Reygen /
Das fröhlig *Dithyramb*en-Geigen /
Und mögen *Music*anten streich- und leyren fest!
Was man auch immer feyren läßt:
Es ist kein Fest nicht / wann nicht die Trompeten
Zu allem dem Pomp treten!   *Attacca.*

Aria. Il Coro colla Tromba.

Erstrahle hell / *Clarin*en-Schein!
Erkling wie Sonn-beschienen rein!
Denn Keiner heut dieß Lermen haßt.
Die ihr dieß hört / das Härmen laßt!
  Denn dieße *Music* wird dem Printz zur Lust gebracht /
  Dem ersten Mahls heut Sonn und Mutter-Brust gelacht.
Erstrahle hell / *Clarin*en-Schein *etc.*   *Da Capo.*

Erstrahle hell / *Fanfar*en-Schein!
Freut euch / ihr Volckes-Schaaren / fein!
Fortuna nun ihr Horn uns beutt:
Ein Printzleyn ist geborn uns heut!
  Sie bring ihm Glück / wie sie mit ihm uns Lust gebracht /
  Dem ersten Mahls heut Sonn und Mutter-Brust gelacht.
Erstrahle hell / *Fanfar*en-Schein *etc.*   *Da Capo.*

Jagdt-Horn / *Corno di Caccia* / *Cor de Chasse.*

Serenata.

Recitativo accompagnato.

Des Morgens früh schon treybet mich die Jagens-Lust /
Zur Zeytt des Wachtel-Schlagens just /
Wann Heher schreyen und entflattren sich im grauen Dunst /
Wann dann gar noch ein Wildt-Sau /
   auffgestöbret vom Verdauen / grunzt:
Welch eine Jagdt-*Musique* erklinget dann!
   Horch! wie die Meutten bellt
Und lautt-Halls neue Beuthen meldt!
Horch! welch ein Schieß- und Krachen /
   Baum- und Busch-Zerhauen / Rufen
Und Roß-Getrapple von den rauhen Huffen!
Wer wollte da nicht schuldigen *Respect*
   *Dian*ens Kunst und ihren Jagdt-*Revir*en zollen
Und bey der Jagdt-*Musique* mit *musicir*en wollen?

Aria.

Mein Jagdt-Horn! Von den Höhn erschall!
Daß widerthönt dein schöner Hall
und hundertfaltt *Dian*en preißt mit Macht!
   Ihr Lob-Gethön / es soll durch alle Lüffte gleytten!
   Mög es der Schall bis in die höchsten Felßen-Glüffte leytten
   Mit Lermen viel und allermeißt mit Pracht.   *Da Capo.*

Recitativo secco.

Laßt euch / ihr Thön / gar lautt: *Quint* / *Quart* und *Terz* behören!
Klingt zu des Jägers Lust und wollt sein Hertz bethören!
Auff! in der Winde Vier Trara und Trubel jaget /
Durch Weltt und Waldt und Feldt lautt diesen Jubel traget:

Attacca. Volti.

Heer-Paucken / *Timpani* / *Timbales.*

Aria. Coro.

Gern laß ich alles seyn und laß dich fahren / Weltt /
Wann auf *Dian*ens Bahn und meinem wahren Feldt:
In Haiden / Busch und Laub- und *Conifer*en-Waldt /
Ihr Hirsch- und Füchsleyn flinck von Jagdt-Gewehren fallt.

   Mag Jeder / was er will (und seys die Seine) minnen;
   Nur nach *Dian*ens Lust stehn alle meine Sinnen.
Drum laß ich alles seyn und dich selbst fahren / Weltt /
Wann auf *Dian*ens Bahn und meinem wahren Feldt /
In Haiden / Busch und Laub- und *Conifer*en-Waldt /
Ihr Hirsch- und Füchsleyn flinck von Jagdt-Gewehren fallt.

Appendix.

Aria

von der Edlen Heer-Paucker-Kunst / welche dahier angehenget worden /
obzwar die Paucken freylich nicht geblaßen (sondern vielmehr geklopffet)
werden: weyln aber faßt allemal / wann etwan irgend wo eine Trompetten
oder ein Waldt-Horn erschallet / auch die Paucken nicht fern.

Es denckt / wer auff die Paucke haut /
Fest sey / darauff er hau / gebaut /
Und drischt / es hältt ihn keine Fessel /
Bis daß dahin der feine Kessel
(Sammt Fell). Doch lieblich Sausen brummt
Beym sanfften Schlag: Das Brausen summt;
Zur *Aria* wird das Thönen schon
Aus einem eintzgen schönen Thon!

Der
*Musica*lischen Schüttel-Leyer

Lustig Zwischenspiel /
gepfiffen / geklopffet und geleyret
auff denen gar gemeynen *Instrument*en.

Dudel-Sack oder Bocks-Pfeiff / *Cornamusa* / *Cornemuse.*

Pastorale.

Der Bocks-Pfeiffer ich bin genennet.
Ein Jedermann mein Thöne kennet.
Nur hochgelahrte *Musici* /
So *solmisi*rn darzu: *Si* / *Mi*
Und dantzen keinen Reygen nicht /
Wann sich der Tag zum Neygen richtt /
Und *componi*rn / die spotten viel /
Daß ich nur Dantz-Gafotten spiel.
Das Bauren-Volck doch hält mich Werth /
Zum Dantz gern alle Weltt mich hört.

Trummel / *Tamburo* / *Tambour.*

Arietta.

Die Trummel singt von Krieges-Sachen /
Von Sturmes-Wirblen / Sieges-Krachen.

Dieß ist nichts vor die feine Welt /
Da außer *Amor*n Keiner schießt /
Da man sich Ihn als Gegner nur zum Schein erkießt
Und allen Falls vom Weyne fällt.

Wer nicht hat Spaß an solchen Dingen:
Von Schwärtern / Spießen / Dolchen singen /
Der blaß mit milder Lufft und sanfftem Winde leise
Des Friedens gar gelinde Weyse!

Ich aber sing von Krieges-Sachen /
Von Sturmes-Wirblen / Sieges-Krachen.

Drehe-Leyer / *Lira tedesca* / *Vielle.*

Leyer-Liedgen.

Gar zierlicht Läuffleyn und *Tirat*en /
Die zieren meine *Mori*thaten.
Mit vielen *Trilli* / *Tact*en / Nothen /
Sing ich von gräußlich nackten Todten:
Vom Weyb / so todt im Schleyer lag /
Vom Mann / ders gleich eim Geyer trieb.
Darzu ich meine Leyer schlag.
Hörs an / und mir ein Dreyer gieb!

Der
*Musica*lischen Schüttel-Leyer
Andere Abtheylung.

Von denen Saitten-*Instrument*en.

Harffe / *Arpa* / *Harpe*.

Aria variata.

Laßt der Trompetten scharffen Hall /
Kommt / hört der sanfften Harffen Schall!
   Sie that schon alte Zeiten sehn:
   Der *Psalter* (mit der Saitten zehn)
   Hat *Davids Instrument* geheißen.
   Als Hirte hüthend Kühe / Geyßen /
   Spielt er auff grüner Waiden Harff.
   Der dann zu Todt den Heyden warff /
   Der hat manch Psalmlied *intoni*ret
   (Alß in der Heylgen Schrifft *noti*ret)
   Und prieß des HErren Wunder-Macht:
   Mit GOttes Lob im Mund erwacht
   Er früh / des Abends legt er wieder
   Sich hin voll GEyst-bewegter Lieder.
   Ob er um SEinen Seegen rang /
   Ob er von Sonn und Regen sang:
   Stets zupfft er lieblich Saitten
   Und ließ vom HErrn sich leytten.
Ja! ER / der hinter Larven schaut /
Hört nicht nur *Tromb*en-scharffen Lautt!
SEin Blick in Hertz und Sinnen dringt /
SEin Ohr hört / obs da drinnen singt /
Und hört Trompetten-scharffen Hall
So gut als sanfften Harffen-Schall.

Lautte / *Liuto* / *Luth.*

Aria d'Eco.

Vertrautte Lautte / nun entfaltte deinen gantzen Reytz
Und nicht mit *Resonantz* in dem gewölbten Rantzen geytz!
  Nun hör / hör! Voll und süß erklingt und -dröhnt sein Thönen!
  Welch Wider-Hall hallt / wenn ich sanffte zupff dein Sehnen!
  So groß der Antwort Wort auff kleine feine Fragen! „So /
  So schön kanns seyn" / hör ich dich / trautte Lautte / sagen froh /
  „Wenn mit gar fein- und kleinen / klug- und schlauen Fragen
  Und zartt- nicht hartter Hand zartt zartte Frauen schlagen!"
Vertrautte Lautte / nun entfaltte deinen ganzen Reytz
Und nicht mit *Resonantz* in dem gewölbten Rantzen geytz!

Kiel-Flügel / *Cembalo* / *Clavessin*.

Cantata.

Recitativo.

Beym Spiel von Kiel-Flügeln
Thu ich viel klügeln:
Nicht als ein *Oper*n-Singer fetz
Die Stück ich runter / Nein!
Ich überleg die Finger-Sätz
Und spiel die Läuffleyn auffwärts und hinunter rein
Und thu nicht wie die Kleinen stümpern.
Ich tracht darnach / dieß sag ich frey /
Daß des *Clavir*s ein *Orpheus* einst ohn Frag ich sey /
Üb sitzend Tag- und Stundenweys
(Nicht achtend dann den wunden Steyß) /
Bis daß die Nothen allesammt gleich Edel-Steinen klümpern.

Aria.

Nothen / so thönt gleich Juwelen und Steinen /
Steinen / von *Orpheus* zum Leben bewegt!
Seyet mit Leben und Weben belegt!
   Menschen / o wollet / was thönend / behören!
   Laßt euch / all Sorgen verhöhnend / bethören!
   Orpheus euch beugt ohn Bedingen / dem Lieb
   Auff that / was Höllische Rache versieglet!
   Öffnet das Hertz / laßts gelingen dem Dieb /
   Dem kein verschloßene Sache verrieglet:
   Laßet euch Kummer nun stehlen und Weynen!
Nothen / so thönt gleich Juwelen und Steinen /
Steinen / von *Orpheus* zum Leben bewegt!
Seyet mit Leben und Weben belegt!

Liebes-Geige / *Viola d'amore* / *Viole d'amour.*

Preyß-Gesang /

darinnen ein Liebhaber der *Viol d'amour* solche zugleich einem Veylgen / doch mehr noch einem geliebten Frauen-Zimmer vergleichet.

Ich hab ein Liebste ohne Thadel /
Ein edle *Viol* (kein Wießen-Nelck) /
So nimmer vom Genießen welck.
Das Aug schon zieht sie allen vor /
Sie wird auch dir gefallen / Ohr /
Klingt doch aus ihrem Thone Adel!

O *Viol d'amore* / deine Hüfften!
Welch *taille* schlank! Welch trautter Leib!
Mit dir ichs rein und lautter treyb:
Was du so rein als schöne denckst /
Wann du so reine Thöne schenckst /
Schmeckt nach der Veylgen-Haine Düfften!

Mit sanfftem Thon uns warme einest:
Mein Jubel / deiner Klagen Sang
(So thönt gleich alter Sagen Klang) /
Die beyden widerstreytten sich /
Wann du bey zarttem Saitten-Strich
Verliebt in meinem Arme weynest.

Wie blüht aus deinem Thone Adel /
Du edle *Viol* (nicht Wießen-Nelck) /
So nimmer vom Genießen welck!
Du / Auge / ziehst sie allen vor /
Sie wird dir wohlgefallen / Ohr /
Sie / meine Liebste ohne Thadel!

Violine / *Violino* / *Violon.*

Arietta.

Wollt / sanffte Thön und satte / gleytten
Durchs Ohr in ein geschmeichelt Hertz!
Jag / Bogen / über glatte Saitten /
Verjag all Traur und ohngeheuchelt Schmertz!

Auff! macht der Trauer-Welt Vergnügen
(Auch wenn sie kein Begierden zeigt)!
Die sich muß manchem Lügner fügen /
Sie fügt sich gern / so man mit Zierden geigt.

Auff nun denn! ein *Concert* gespielet!
Der ander oder eine Lauff /
Auf Ohren / so versperrt / gezielet /
Thut dieße endtlich gantz alleine auf!

Bratsch / *Viola* / *Viole*.

Erweiß /

daß die Bratsch / obzwar man sie gemeyniglich nur vor die Mittel-Stimmen pfleget zu brauchen / dennoch das edelste und fürnehmste der *Instrument*en sey.

Ein *Instrument* / so hoch geschätzt
 und nimmer kleinen Rangs /
Ein Achsen-Staab und Mittel-Stimm /
 ein *Centrum* reinen Klangs /
Ein *Circkel-Punct* der *Harmoney* /
 im Stimm-Gewimmel Hertz /
Greyfft es ans Hertz des Menschen offt
 und richtt es himmelwärts.

Auf GOttes weise Ordnung weißt
 des *Music*-Schalles Bildt /
Daß Niemandt ob des Schöpfers nicht
 und Erden-Balles schiltt;
SEin Weisheit thut *Music* uns kundt /
 der Bronnquell guther Laab /
Drum der *Music* gar hohen Rang
 der *Doctor* **Luther** gab.

Music / du *Conterfey* der Welt
 fürwahr nicht kleinen Rangs!
Von dir und von der Bratschen gar /
 dem *Centrum* reinen Klangs /
Giltt / was vor jedes Abbildt giltt /
 nach allgemeyner Sitten:
Das Edelste in einem Bildt
 ist stets in seiner Mitten.

Beyn-Viol / *Viola da Gamba* / *Basse de Viole.*

Liebes-*Madrigälgen* /

darinnen ein anderer *amateur* / und Liebhaber der *Viola da Gamba* / solche gleichsam als seine Geliebte besinget / worbey er aber zugleich derenselben 6 Saitten in ein *akrostichon temperi*ret.

> **D**u / liebste *Viola* / sing / und sing ein Lied
> von unsrer Lieb-vertrautten Liebe!
> **A**uff! Liebste! sing / sonst sinkt
> der gar zu kleine Muth!
> **E**rthöne sanfft / denn dennoch überthönst du
> alle lautten Triebe!
> **C**upid*en gleich spann deine Sehnen
> und entfache meine Gluth!
> **G**äbst einen Wunsch du frey /
> michs zu verlautten triebe:
> **D**u / liebste *Viola* / sing / und sing ein Lied
> von unsrer Lieb-vertrautten Liebe!

Große Baß-Geige / *Violone / Basse de Violon.*

Gleichnüß

von der Nothwendigkeit des *Violons* als eines rechten *Fundaments*
und Grundt-Pfeylers bey denen starck besetzeten *Concert*en.

Baut man ein Hauß / welchs soll zehn Jahr am mindsten dauren /
Und so im Sturm-Gethoß bewahret seinen Standt /
Braucht man zum *fundament* wohl nicht die dinnsten Mauren /
Und auch vor dieße nicht statt *Quaader*-Steinen Sand.

*Formi*rt man ein *Concert* mit lautt- und starcken Chören /
Doch ohn den *Violon* / so wirds am Endte: Mißt!
Man wird sich stets am *Baß* / dem allzu kargen / stöhren /
Bis daß mein *ContreBaß* das *Fundament*e ist.

Epilogus

und *Sonett* vom rechten Brauche der himmlischen *Musica* (und auch wohl anderer Himmels-Gaaben) / welchs ein ohngenandter Freund des *Authoris* des Abends bey einem Fläschgen edelen und süfflichten Francken-Weyns *ex improviso disponi*rt und hernach auff des *Authoris* Bitten auch endtlich auffgeschrieben.

Music / wer könnt ohn dich / du Himmels-Gaabe / leben?
Du himmlischer Gesang / wer könnt ohn dich wohl seyn?
Wer Trübsal bläßt ohn dich / erinnre sich wohl dein /
Weyl du magst Fröhligkeit und milde Laabe geben.

Drin gleichst du *Bacchus*-Safft auß Trauben-Haines Reben.
Und auch noch anderweytt thuts gleich dir nur der Weyn:
Nur wer das Beßte nimmt und gleich Falls nur wer dein
recht brauchet / den wirst du in Höhers / Reines heben!

Drum will ich / weyl ich hie / auf dieser Erden wall /
Bevor / die itzo seynd / im Grab seyn werden all /
Stets mit *Music* ein Lob dem HErrn der Zeitten künden.

Dereinstmals will ich IHm im Chor der Engeleyn
Mit hellem Stimmen-Schall (daß mirs gelänge!) ein
Brandt-Opffer der *Music* auff Ewigkeytt entzünden.

Index
der *Musica*lischen Schüttel-Leyer.

Vorrede an den Geneygten Leser 10

Prologus des Herrn Mattheson 12

Der *Musica*lischen Schüttel-Leyer Erste Abtheylung.
Von denen Blasenden *Instrument*en 13
Orgel. *Aria* 14
Schnabel-Flöthe. *Aria* 16
Hoboe. *Madrigal & Canon perpetuus* 18
Queer-Flöthe. *Versicul* 20
Fagott. *Versicul* 22
Posaune. *Sonett* 24
Trompete. *Serenata* 26
Jagdt-Horn. *Serenata* 28
Appendix: Heer-Paucken. *Aria* 30

Der *Musica*lischen Schüttel-Leyer lustig Zwischenspiel
auff denen gar gemeynen *Instrument*en 33
Dudel-Sack. *Pastorale* 34
Trummel. *Arietta* 36
Drehe-Leyer. Liedgen 38

Der *Musica*lischen Schüttel-Leyer Andere Abtheylung.
Von denen Saitten-*Instrument*en 41
Harffe. *Aria variata* 42
Lautte. *Aria d'Eco* 44
Kiel-Flügel. *Cantata* 46
Liebes-Geige. Preyß-Gesang 48
Violine. *Arietta* 50
Bratsch. Erweiß 52
Beyn-Viol. *Madrigal* 54
Große Baß-Geige. Gleichnüß 56

Epilogus eines ohngenandten Freundes des *Authoris* 58

Nachwort

Johann Nicolaus Hofmanns *Musicalische Schüttel-Leyer* ist der literatur- und musikgeschichtlichen Forschung aus Lexika und Abhandlungen des 18. Jahrhunderts dem Titel nach zwar seit langem bekannt; doch galt der Druck selbst als verschollen. Durch einen glücklichen Zufall stieß ich im Sommer 1965 bei familiengeschichtlichen Nachforschungen unverhofft auf ein in amerikanischem Privatbesitz befindliches Exemplar – vermutlich das einzige erhaltene überhaupt. Es liegt mit freundlicher Zustimmung der Eigentümerin, Frau Dr. Symone Hoffman McCommick, Washington, D. C., der auch an dieser Stelle für ihr Entgegenkommen gedankt sei, dem Neudruck zugrunde.

Über den Autor der reizenden Gedichtsammlung, die ein frühes Zeugnis der Verwendung des sogenannten Schüttelreims darstellt, war wenig in Erfahrung zu bringen. Das Taufbuch des mainfränkischen Dorfes Zeilitzheim weist ihn mit einem Eintrag vom 20. März 1639 als Sohn des damals dort amtierenden Pfarrers Johann Gottlieb Friedrich Hofmann aus („undt Seyner Ehe Gemalin", wie der Schreiber korrekterweise hinzufügt). Nach einer allerdings ungesicherten Familientradition soll Johann Nicolaus Hofmann das Gymnasium in Ansbach besucht und später in Freiburg im Breisgau studiert haben. Möglicherweise ist er außerdem identisch mit dem 1658/59 an der Universität Altdorf immatrikulierten Theologiestudenten „Ioh. Nikl. Hoffmann von Onolzpach", dem im November 1658 ein Freiplatz in der Mensa des Predigerseminars zugebilligt wird, „dafür Er das Positiffleyn im *refectorio* soll schlagen bey denen morgen andachtten". Sicher aber läßt sich nur Hofmanns Aufenthalt in Freiburg nachweisen. Von 1660 an nennen ihn hier verschiedentlich die kirchlichen Rechnungsbücher im Zusammenhang mit größeren musikalischen Darbietungen – anscheinend hat Hofmann sich in Freiburg längere Zeit als Gelegenheitsmusiker durchgeschlagen. In den Abrechnungen figuriert er, bei schwankender Schreibweise des Namens, aber immer wieder auch mit Zusatz „Seylsheymiens:" (oder ähnlich), als „*Clavir*ist zum *General* Baße" (1660, ähnlich 1662, 1664, 1668), „*Flautt*en Blaser" (1661, 1662), „*Chalmey*er" (1663), „*Bombhard*ist" (1663, ähnlich 1664) und auch als „*Ripien Chor*ist" (1662, 1664, 1666). In den – allerdings lückenhaften – Universitätsakten läßt Hofmann sich nicht sicher nachweisen. Ein in der Freiburger Matrikel erstmals 1660 erscheinender Jurastudent „Hanß Nicol Hofman *Herbipolens:*" ist wohl eher ein Würzburger Namensvetter.

Über die Jahre nach 1668 ist nichts Genaues bekannt. Aus Hofmanns Vorbemerkung zu seiner Trompeten-Kantate (S. 27) geht mit einiger Wahrscheinlichkeit hervor, daß er „etliche Jahre" vor dem Erscheinen seiner Gedichtsammlung als Hofpoet und -kapellmeister in fürstlichen Diensten gestanden hat. Im Zusammenhang mit dieser Stellung dürfte auch die Jagd-Kantate (S. 29) entstanden sein. Von Hofmanns Vertonungen ist leider keine Note auf uns gekommen. Interesse verdient seine anscheinend enge Verbindung zu dem mehr als vier Jahrzehnte jüngeren Hamburger Komponisten, Sänger, Kirchenkapellmeister und Musikschriftsteller Johann Mattheson (1681–1764), der den Prolog zu der Gedichtsammlung beisteuerte. Ob man in dieser Verbindung ein Indiz dafür sehen darf, daß Hofmann sich, wie gelegentlich in der wissenschaftlichen Literatur vermutet, nach 1668 nach Norddeutschland gewandt habe, ist vorläufig eine offene Frage. Vielleicht vermag die in jüngster Zeit so erfreulich vorangeschrittene Mattheson-Forschung eines Tages darauf eine Antwort zu geben.

Hofmanns *Musicalische Schüttel-Leyer* ist in gewisser Weise ein Spätwerk – und ist es wiederum auch nicht. Bei Erscheinen der Sammlung muß Hofmann bereits hochbetagt gewesen sein. Sein Vorwort zeigt noch in vielem die gravitätische Diktion des 17. Jahrhunderts, spiegelt aber doch zugleich die geistige Munterkeit des Greises. In den Gedichten vermischt sich „akademische" (Gryphius-)Tradition eigenartig mit einer vielleicht schon als frühaufklärerisch zu bezeichnenden Volkstümlichkeit; aber recht unverbunden steht neben Neuem weiterhin das Bewährte und Althergebrachte, vor allem das traditionelle Gedankengut der protestantischen Musikanschauung, das den fränkischen Pfarrerssohn und – wenn wir recht vermuten – Altdorfer Theologiestudenten offenbar nachhaltig und auch über die Jahre im katholischen Süden hinweg fortwirkend geprägt hat. Es liegt nahe anzunehmen, daß die Mehrzahl der Gedichte nicht unmittelbar vor ihrem Erscheinen, sondern schon Jahrzehnte früher entstanden und für die Veröffentlichung allenfalls noch einmal überarbeitet worden ist – zumindest ließe sich so manche sprachliche und gedankliche Diskrepanz zwanglos erklären. In der Auswahl der Instrumente, die mit Gedichten bedacht sind, ist die Sammlung durchaus aktuell: es ist das gängige Instrumentarium des beginnenden 18. Jahrhunderts. In diesem Punkt steht Hofmann also auf der Seite der jüngeren Generation. Nicht auszuschließen ist freilich, daß bei der Zusammenstellung der Gedichte Mattheson seine Hand im Spiel gehabt hat.

Die den Gedichten beigegebenen Stiche des Nürnberger Verlegers und Kupferstechers Johann Christoph Weigel (1661-1726) ermöglichen die Datierung des Buches auf die Zeit um 1720. Sie finden sich unabhängig von diesem in verschiedenen Bibliotheken und Archiven und liegen innerhalb einer 1961 im Bärenreiter-Verlag, Kassel, von Alfred Berner herausgegebenen umfassenderen Sammlung im Neudruck vor.[*]

Von einem fotomechanischen Nachdruck der *Musicalischen Schüttel-Leyer* mußte wegen des schlechten Zustands des Originalexemplars Abstand genommen werden. Die meisten der Stiche sind dort irgendwann offensichtlich von Kinderhand ziemlich kräftig koloriert worden; zugleich haben die stark durchschlagenden Farben vielfach die Lesbarkeit der Texte beeinträchtigt. Es schien deshalb ratsam, für die Abbildungen auf die erwähnte Publikation zurückzugreifen und die Texte neu zu setzen. Dabei bot es sich an, statt der Fraktur des Originals eine heute geläufigere Schrift zu wählen. Einige offenkundige Druckfehler wurden stillschweigend berichtigt.

*   *   *

Die *Musicalische Schüttel-Leyer* erschien zum ersten Mal 1990 im Druck als Band 10 der von Sita Steen im Verlag August Lax, Hildesheim, herausgegebenen Reihe *Schüttelreime heute*. Das Bändchen war bald vergriffen, konnte aber äußerer Umstände halber nicht mehr nachgedruckt werden. Der hier in verändertem Erscheinungsbild vorgelegte Neudruck will die so entstandene Lücke schließen. Inhaltlich folgt er in allem Wesentlichen der Ausgabe von 1990.

[*] Johann Christoph Weigel, *Musicalisches Theatrum,* herausgegeben von Alfred Berner, Kassel 1961 (*Documenta musicologica,* 1. Reihe, Nr. XXII).

Es bleibt zu hoffen, daß die *Musicalische Schüttel-Leyer* weiterhin – mit den Worten ihres Autors – der „*Recreation* und Erheytterung des Gemüthes" zu dienen vermag und unter Liebhabern der Musik und des Schüttelreims auch in Zukunft viele Freunde findet.

Freiburg im Breisgau 1968
Göttingen 1990 / 2021
Klaus Hofmann

Erläuterungen und Anmerkungen zu den Gedichten

S. 12: *Du wirst damit erfreun und rührn ... und lehren:* Umschreibung der in die Musiklehre übernommenen *fines* (Endzwecke) der Rhetorik: *docere* (belehren), *movere* (rühren), *delectare* (erfreuen).

S. 17: Das angeführte Lied *Filli von dem Schläfer schied* konnte bisher nicht ermittelt werden. Es dürfte sich um einen der damaligen Leserschaft vertraut gewesenen „Schlager" gehandelt haben.

S. 31: *Coniferen*-Wald: Nadelwald.

S. 39: *Dreyer:* heute etwa 0,30 Euro.

S. 49: *Ein edle Viol (kein Wiesen-Nelk):* Wortspiel; *viola* (lat.) = Veilchen.

S. 53: Das Gedicht steht in der Tradition der protestantischen Musikanschauung: Die Musik wird in der zahlhaften Proportioniertheit ihrer Intervalle als Abbild einer von Gott harmonisch geordneten Welt verstanden, das auf den Schöpfer zurückweist. Vers 8 spielt an auf das bekannte Luther-Wort: „Ich gebe nach der Theologie der Music den nähesten Locum und höchste Ehre" (Tischreden, Nr. 7034, ähnlich Nr. 968 und 3815).

S. 55: Die im Akrostichon angegebenen Töne entsprechen der Stimmung der sechssaitigen Viola da gamba: d^1-a-e-c-G-D.

S. 58: Vers 9 und 11 paraphrasieren Psalm 146,2.